BEI GRIN MACHT SICH IHR WISSEN BEZAHLT

- Wir veröffentlichen Ihre Hausarbeit,
  Bachelor- und Masterarbeit

- Ihr eigenes eBook und Buch -
  weltweit in allen wichtigen Shops

- Verdienen Sie an jedem Verkauf

Jetzt bei www.GRIN.com hochladen und kostenlos publizieren

Bibliografische Information der Deutschen Nationalbibliothek:

Die Deutsche Bibliothek verzeichnet diese Publikation in der Deutschen National-bibliografie; detaillierte bibliografische Daten sind im Internet über http://dnb.d-nb.de/ abrufbar.

Dieses Werk sowie alle darin enthaltenen einzelnen Beiträge und Abbildungen sind urheberrechtlich geschützt. Jede Verwertung, die nicht ausdrücklich vom Urheberrechtsschutz zugelassen ist, bedarf der vorherigen Zustimmung des Verla-ges. Das gilt insbesondere für Vervielfältigungen, Bearbeitungen, Übersetzungen, Mikroverfilmungen, Auswertungen durch Datenbanken und für die Einspeicherung und Verarbeitung in elektronische Systeme. Alle Rechte, auch die des auszugsweisen Nachdrucks, der fotomechanischen Wiedergabe (einschließlich Mikrokopie) sowie der Auswertung durch Datenbanken oder ähnliche Einrichtungen, vorbehalten.

Impressum:

Copyright © 2018 GRIN Verlag
Druck und Bindung: Books on Demand GmbH, Norderstedt Germany
ISBN: 9783668742192

Dieses Buch bei GRIN:

https://www.grin.com/document/431813

Taddäus Sodoge

Die Glyphosat-Debatte in Deutschland. Ein kritisches Pflanzenschutzmittel in der Landwirtschaft

GRIN Verlag

GRIN - Your knowledge has value

Der GRIN Verlag publiziert seit 1998 wissenschaftliche Arbeiten von Studenten, Hochschullehrern und anderen Akademikern als eBook und gedrucktes Buch. Die Verlagswebsite www.grin.com ist die ideale Plattform zur Veröffentlichung von Hausarbeiten, Abschlussarbeiten, wissenschaftlichen Aufsätzen, Dissertationen und Fachbüchern.

Besuchen Sie uns im Internet:

http://www.grin.com/

http://www.facebook.com/grincom

http://www.twitter.com/grin_com

Graf-Friedrich-Schule

Gymnasium des Landkreises Diepholz

Schuljahr 2017/18

Fach: Seminarfach
Kurs: 11sf5

Verfasser: Taddäus Sodoge

Thema der Facharbeit:

Die unendliche Geschichte?

Eine kritische Bewertung der Glyphosat-Debatte

Ausgabetermin: 10.01.2018
Abgabetermin: 02.03.2018

Inhalt

1   Einleitung

„Für eine gesundheitlich bedenkliche Menge [Glyphosat] müsste man 1000 Mass Bier trinken. Ich habe in Bayern noch nie jemanden gesehen, der 1000 Mass Bier trinkt. Und wenn er sie trinkt, dann tritt der Exitus nicht wegen Pflanzenschutzmitteln ein, sondern aufgrund anderer Gründe, die Sie und ich sich vorstellen können" (Bundeslandwirtschaftsminister Christian Schmidt an n-tV, INTERNET 1)

Im Zuge der vergangenen Bundestagswahl und dem ausklingenden Jahr 2017 erlangte Bundesminister Christian Schmidt (CSU) durch seine Entscheidung bzgl. der Verwendung von Glyphosat als Pflanzenschutzmittel in der deutschen Landwirtschaft besondere mediale Präsenz. Es sorgte für ein Wiederaufleben der kurzzeitig von den Bildschirmen verschwundenen „Glyphosat-Debatte", einer Debatte um die Regulierung eines Stoffs, der laut Haupthersteller Monsanto gesundheitlich völlig unbedenklich, der Meinung von vielen Umweltverbänden nach hochgradig karzinogen, also krebserregend ist.

Für mich stellte sich in den letzten Wochen daher zunehmend die Frage, ob und inwiefern meine Mitmenschen und ich durch Glyphosat geschädigt werden könnten, weshalb ich mir in meiner Facharbeit „Die unendliche Geschichte? Eine kritische Bewertung der Glyphosat-Debatte" zum Ziel setze, ein Verbot von Glyphosat anhand einiger aufgekommener Studien, Untersuchungen und Kommentare sowie der aktuellen Debatte zu bewerten.

Hierfür sollen zunächst die Eigenschaften von Glyphosat und der Hintergrund um den Monsanto Konzern erläutert werden, um anschließend auf die Anwendung und die Bedeutung in der Deutschen Landwirtschaft eingehen zu können. Auch mögliche Alternativen zum Glyphosat will ich in diesem Rahmen diskutieren. Diese und interpretierte Studien zur Wirkung auf Nichtzielorganismen (v.a. Karzinogenität) sollen den Grundstein für meine im Schlussteil vorgenommene Bewertung legen.

1

2 Herbizide und Glyphosat als Wirkstoff

Herbizide, abgeleitet von lat. „herba" (zu deutsch „Kraut" oder „Gras") sind zuallererst Mittel zur Abtötung störender Pflanzen (vgl. INTERNET 2). *„Man unterscheidet dabei zwischen selektiven Herbiziden, die gegen bestimmte Pflanzen wirken und Totalherbiziden, die gegen alle Pflanzen wirken"* (INTERNET 2).

Versucht man, verschiedene Formen von Herbiziden zu ordnen, so kann man dies über den Vergleich der Wirkungsweisen tun. Ätzende Herbizide sind nur anwendbar, sofern ein genügender Abstand zwischen Nutzpflanzen und dem Unkraut vorliegt, da dem Namen nach eine Verätzung erfolgt. Wachstumshormone sorgen dafür, dass ein kontrolliertes und schnelles Wachstum in der zu bekämpfenden Pflanze hervorgerufen wird, sodass sie dadurch abstirbt, dass sie sich nicht schnell genug mit Nährstoffen versorgen kann. Im Vergleich hierzu sorgen Prostaglandinsynthesehemmer dafür, dass die Pflanze sich von vornherein nicht ernähren kann, da der gesamte Vorgang der Photosynthese unterbunden wird. (Vgl. INTERNET 2)

Bei dem Stoff Glyphosat (Summenformel: $C_3H_8NO_5P$), wissenschaftlich auch unter dem Namen N-(Phosphonomethyl)glycin bekannt (vgl. Abb.1), handelt es sich hingegen um ein geruchloses und in Wasser lösliches Totalherbizid (auch als Breitbandherbizid klassifiziert), welches unter Hemmung des allen Pflanzen, Bakterien und Pilzen gemeinen Stoffwechselprozesses sämtliche Pflanzen abtötet (vgl. Burtscher-Schaden, 2017, S.25). Die Gefahrstoffkennzeichnung zeigt die reizende und umweltgefährliche Wirkung des Glyphosats auf (vgl. INTERNET 3). Diese wird z.T. auch noch dargestellt werden.

2.1 „Roundup" und der Monsanto-Konzern

Die soeben beschriebenen Eigenschaften machte sich der amerikanische Bio- und Agrarkonzern Monsanto vor einigen Jahrzehnten zu Nutzen. Obwohl der Wirkstoff Glyphosat bereits im Jahre 1950 von Dr. Henri Martin entdeckt wurde, war es erst der Chemiker Dr. John Franz, ein Angestellter des Monsanto-Konzerns, welcher 1970 die Anwendungsmöglichkeit als Herbizid erforschte. (Vgl. Haimerl, 2017, S. 29)

Nach dem Einsatz als Rohrreiniger aufgrund von seiner Mineralien bindenden Eigenschaft, kam es schließlich dazu, dass sich Monsanto mit seinem sog. „Roundup", dem ersten Totalherbizid mit dem Wirkstoff Glyphosat, ab dem Jahre 1974 durch Patentierung bis zum Jahr 2000 einen immensen Marktvorteil verschaffte. In den folgenden Jahrzehnten folgte eine rapide Steigerung der Nachfrage, da immer mehr Verwendungszwecke innerhalb der Landwirtschaft entdeckt wurden (wobei auf die wirtschaftliche Bedetung vom Glyphosat in der Deutschen Landwirtschaft später noch einmal genauer eingegangen werden soll). So wurden Felder zuerst nur vor der Aussaat mit Glyphosat behandelt, später wurde es jedoch auch schon als Beschleuniger des Trocknungsprozesses nach der Ernte eingesetzt. Im späten 20. Jahrhundert wurde es bereits zum Schutz von gentechnisch modifizierten Pflanzen angewandt, in denen man zuvor, im Rahmen der sich ebenfalls entwickelnden Forschung zur Gentechnik, eine Resistenz gegen Glyphosat hervorrufen konnte. Die Arbeit mit diesen Resistenzen stellt auch in der heutigen Landwirtschaft die gängige Anwendung dar. (Vgl. Burtscher-Schaden, 2017, S. 25f.).

2.2 Glyphosat und seine Wirkung im Detail

Fortgeführt befasst sich dieses Kapitel nun einmal im Deteil mit Glyphosat und seiner im Vorangegangenen grob beschriebenen Wirkungsweise.

Das angesprochene Roundup Produkt setzt sich wie jedes Herbizid aus einem zentralen Wirkstoff (dem Glyphosat) und mehreren Zusatzstoffen zusammen, welche auch als „inerte Substanzen" bezeichnet werden (vgl. Robin, 2009, S. 107). Außerdem *„dienen [sie] der Verbesserung der chemisch-physikalischen Eigenschaften [...]. Sie wirken [dabei] selbst nicht pestizid"* (Robin, 2009, S. 107).

Inerte Substanzen können Lösungsmittel, Emulgatoren oder Mittel zur Veränderung der Oberflächenspannung sein und sind auf den Hauptwirkstoff zugeschnitten. Beim Glyphosat trägt z.B. Polyoxyethylen dazu bei, dass die Tröpfchen sich auf den Blättern der behandelten Pflanze besser verteilen. Der Anteil des Glyphosats am Roundup beträgt je nach Anwendungsziel 14,5 bis 75 Prozent. (Vgl. Robin, 2009, S. 107)

Der Wirkungsprozess des Glyphosats läuft folgendermaßen ab: Die durch inerte Substanzen erhöhte Oberflächenspannung erleichtert die Aufnahme des Totalherbizids über die Pflanzenblätter. Das Glyphosat blockiert das Enzym *„5-Enolpyruvylshikimat-3-phosphat-Syntase (EPSPS), welches zur Synthese aromatischer Aminosäuren (Phenylalanin, Tryptophan, Tyrosin) [benötigt wird]"* (INTERNET 3). Hierdurch wird eine Unterbrechung des Stoffwechselprozesses hervorgerufen, sodass die Aminosäurenproduktion für das Pflanzenwachstum abgebrochen wird und die Pflanze schließlich abstirbt. Das Glyphosat zersetzt sich anschließend im Boden, was z.T. umweltgefährdende Wirkungen hervorrufen kann. (Vgl. hierzu Abb. 2)

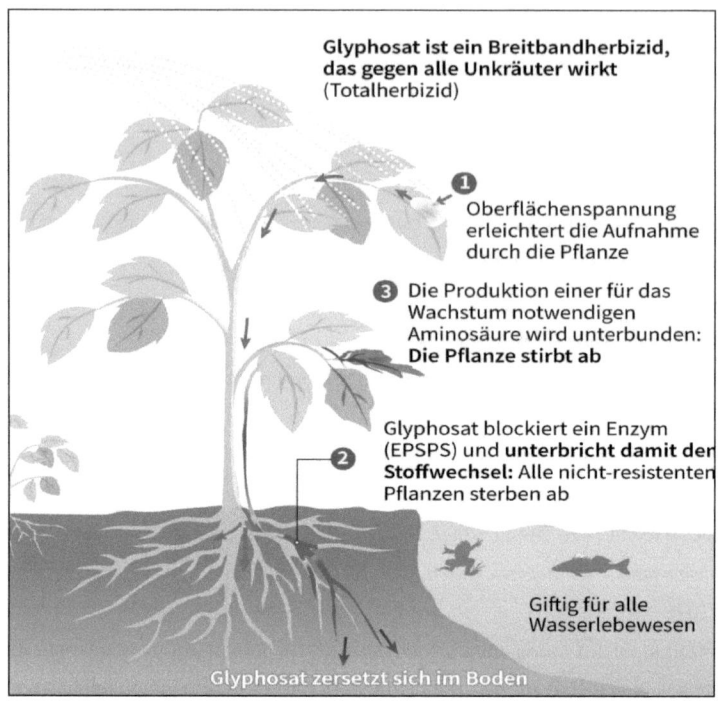

Glyphosat ist ein Breitbandherbizid, das gegen alle Unkräuter wirkt (Totalherbizid)

① Oberflächenspannung erleichtert die Aufnahme durch die Pflanze

③ Die Produktion einer für das Wachstum notwendigen Aminosäure wird unterbunden: **Die Pflanze stirbt ab**

Glyphosat blockiert ein Enzym (EPSPS) und **unterbricht damit der Stoffwechsel:** Alle nicht-resistenten Pflanzen sterben ab

②

Giftig für alle Wasserlebewesen

Glyphosat zersetzt sich im Boden

Abb. 2: Der Weg des Glyphosats

3 Anwendung und Bedeutung in der deutschen Landwirtschaft

Seit Jahren gehört Glyphosat zu den wichtigsten Unkrautvernichtungsmitteln und trägt zur Ertragsmaximierung in der Landwirtschaft bei, welche bei einer rapide steigenden Weltbevölkerung mehr als notwendig erscheint (vgl. INTERNET 4). Hierbei spielt (nicht nur deutschen Landwirten) in die Karten ein vom Hersteller als „umweltschonend" und „100 Prozent biologisch abbaubar" angepriesenes Produkt für ihre nachhaltige Feldbewirtschaftung zu verwenden (vgl. Robin, 2009, S. 98). Und bevor dies in den Folgekapiteln Alternativen gegenübergestellt bzw. in Frage gestellt werden soll, erfordert es eine Erläuterung des Bedarfes an Glyphosat in der Deutschen Landwirtschaft.

Verwendet wird Glyphosat meist, damit auf das energie- und arbeitsaufwendige Pflügen verzichtet werden kann (vgl. INTERNET 4). „*Dadurch geht weniger Boden durch Erosion verloren. Zugleich wird Treibstoff eingespart und weniger klimaschädliches Kohlendioxid aus den Böden freigesetzt*" (INTERNET 4).

Ein sich häufendes Argument ist daher, dass *„[j]ederzeit ausreichend Lebensmittel mit hoher Qualität und zu erschwinglichen Preisen"*(INTERNET 4) ein Resultat des chemischen Pflanzenschutzes sind, welcher somit ökonomisch sehr vielversprechend zu sein scheint (vgl. INTERNET 4).

Fakt ist zumindest, dass ein Glyphosat-Verbot ökologische sowie ökonomische Auswirkungen hätte: Einerseits würde für die ansteigenden Bodenbearbeitungen mehr Diesel-Kraftstoff (10,4 Liter mehr pro Hektar) benötigt werden, andererseits würde der Arbeitsaufwand für die Getreide Weizen, Gerste, Silomais und Raps um zwei Stunden pro Hektar steigen. Interpretiert könnte dies entweder für eine enorme Preissteigerung sorgen, da der Anbau hochwertiger Lebensmittel aufwendiger würde bzw. umgekehrt dafür sorgen, dass v.a. Kleinbetriebe mit dem höheren Arbeitsaufwand und einem schwindenden Ertrag nicht weiter existieren könnten. (Vgl. INTERNET 5)

Man muss also tatsächlich zugeben, dass Glyphosat zu einer Stabilisierung von Europas Handelsstatus beiträgt. Betrachtet man nämlich das beschriebene Verbotsszenario, so würde es z.b. langfristig zur Folge haben, dass Deutschland und Europa ohne Glyphosat *„vom Nettoexporteur zum Nettoimporteur von Weizen"* (INTERNET 4) würden und die EU, statt 8,7 Millionen Tonnen zu exportieren, 6,4 Tonnen an Weizen importieren müsste; vermutlich aus Ländern, die nach wie vor auf Glyphosat setzen. (Vgl. INTERNET 4)

3.1 Alternativen zu Glyphosat?

Umgekehrt gibt es natürlich auch Glyphosat-Kritiker, die sehr wohl eine Alternative zu Monsantos Totalherbizid sehen, so zum Beispiel Martin Häusling, Agrarpolitischer Sprecher der Grünen im Europaparlament und Mitglied des Umweltausschusses. Laut ihm, sei es zwar z.T. richtig, dass Erntereste bei Nichtpflügen nicht eigearbeitet werden und somit bei Regen als Erosionsschutz dienen, jedoch erziele man den selben Effekt mit Zwischensaaten und Unterfrüchten. Gleichzeitig werde durch die Wurzeln auch die Bodenstruktur gelockert und Unkraut unterdrückt, während sich bei schlichtem Nichtpflügen und Glyphosateinsatz der Schädlingsdruck erhöhe und der Bedarf an Glyphosat sich über die Zeit steigere. (Vgl. INTERNET 6)

Außerdem gibt es, laut ihm, noch die Möglichkeit des „Abflämmens[1]" (der thermischen Unkrautvernichtung), was bereits *„ausgereift und in Gemüsekulturen weit verbreitet [ist]"* (INTERNET 6).

---

[1] Gezieltes Abbrennen von Unkraut mittels Gasbrenner

Im Detail gesehen ist auch folgendes interessant: Die Direktsaat muss nicht zwangsweise die klimafreundlichere Methode sein. Sie sorgt nämlich häufig für Bodenverdichtungen, *„was nicht nur die Regenspeicherung vermindert sondern auch vermehrt Lachgas entstehen lässt, welches 300 mal so klimaschädlich ist wie CO₂"* (INTERNET 6). Da dies die Erosion logischerweise wieder erhöhen würde, könnte man durchaus sagen, dass das zuvor angedeutete Argument des Erosionsschutzes in der Nichtigkeit zerläuft. (Vgl. INTERNET 6).

Häusling stellt auch einen Zusammenhang her, der bis zum Schluss dieser Arbeit immer typischer erscheinen wird: lobbyartige Verflechtungen von Verbreitern falscher Werbung mit dem Konzern Monsanto. *„Die Behauptung, Pflugverzicht täte dem Boden und dem Klima gut [,] wurde in den letzten Jahren ganz besonders von der [...] Agriculture Conservation Federation (ECAF) vertreten"* (INTERNET 6). Diese ist seit Jahren für ihre Zusammenarbeit mit Monsanto bekannt. (Vgl. INTERNET 6)

3.2 Umweltwirkungen

Betrachtet man nun Studien, welche sich gezielt mit den Umweltwirkungen von Glyphosat befassen, so muss man noch einmal im Hinterkopf behalten, dass es sich um ein Mittel handelt, welches zu 5000 Tonnen jährlich in Deutschland versprüht wird (vgl. INTERNET 7).

Dieser massenhafte Einsatz des Totalherbizids sorgt für verschiedene Eingriffe in die Ökosysteme. Neben den Böden und der Artenvielfalt hat sie „insbesondere Auswirkungen *auf aquatische Ökosysteme (Gewässer) und Feuchtbiotope"* (INTERNET 7). Wie bereits in 2.2 beschrieben, wird ein Teil des Glyphosats durch die Pflanze in den Boden ausgeschieden und gerät dann evtl. in ein aquatisches Ökosystem, was nur schwerlich unterbunden werden kann. In diesem Fall sind v.a. Gewässertiere, wie z.B. Amphibien oder Fische diesem schutzlos ausgeliefert. (Vgl. INTERNET 7)

Zur Herleitung der Wirkungen auf diese Organismen wird man mithilfe von der im folgenden Kapitel beschriebenen Studie mit Seeigeln im Stande sein.

Doch auch der Boden und die eigentlich zu schützenden Feldfrüchte nehmen durch den massenhaften Einsatz von Glyphosat über die Jahre hinweg Schaden. Die Wurzeln, wohin das Glyphosat, wie in 2.2 bereits erläutert, wandert, werden nämlich in ihrer Symbiose mit unzähligen Bodenbakterien gestört, sodass für die Pflanze die Aufnahme von Mineralien erschwert wird. Dies hat letztlich eine höhere Anfälligkeit für Krankheiten zur Folge. (Vgl. INTERNET 7)

Durch die Reduzierung der pflanzlichen Artenvielfalt auf den Äckern fehlt des weiteren vielen Insekten und Vögeln ihre natürliche Nahrung. Dies dürfte v.a. im Hinblick auf das in den Medien diskutierte Insektensterben einen interessanten Gesichtspunkt darstellen. (Vgl. INTERNET 8) Dieser hohe Wirkungsgrad gegenüber Bakterien kann selbst den Rindern, abseits der behandelten Felder, gefährlich werden. Werden Rinder nämlich mit Glyphosat behandeltem Getreide gefüttert, so nehmen sie einen Teil des Glyphosats mit ihm auf. In höheren Dosierungen wirkt das Glyphosat sogar toxisch für das essentielle Darmbakterium E. coli und sorgt hierdurch für chronische Krankheiten in der Darmflora der Rinder. (Vgl. INTERNET 7)

Hierzu kommt, dass die soeben am Beispiel von Rindern beschriebene Aufnahme von Glyphosat ebenso beim Menschen stattfinden kann (vgl. INTERNET 7). Folglich soll im nächsten Kapitel einmal diskutiert werden, inwieweit Glyphosat dem Menschen nachhaltigen Schaden zufügen kann, aber bereits vorweggenommen werden, dass Glyphosat *„bei Bürgern in 18 Mitgliedsstaaten der EU [...] im Urin [festgestellt wurde]"* (INTERNET 7).

4   Glyphosat - Ein karzinogener „Embryonenkiller"?

Fast regelmäßig und parallel zu Debatten um neue Zulassungsverfahren oder Verlängerungen der Verwendung von Glyphosat erscheinen in den Medien Berichte über Untersuchungen, welche die Karzinogenität bzw. die gesundheitliche Beeinträchtigung durch Glyphosat belegen wollen. Mögliche, diskutierte gesundheitliche Auswirkungen *„betreffen Schäden am Erbgut, [...] Schädigung der Embryonenentwicklung, [...] und die Entstehung von Krebs"* (INTERNET 7).

Besonderes Interesse verdient der Fakt, dass Deutschland im EU-Prüfungsverfahren (genauere Erläuterung im Folgekapitel) die Rolle des Berichterstatters erfüllt und somit das *„Bundesinstitut für Risikobewertung[2] (BfR) [...] mit der Bewertung des gesundheitlichen Risikos des Wirkstoffes [...] beauftragt [wurde]"* (INTERNET 9).

Das Bundesinstitut gibt an, *„dass nach derzeitiger wissenschaftlicher Kenntnis bei bestimmungsgemäßer Anwendung von Glyphosat kein krebserzeugendes Risiko für den Menschen zu erwarten ist"* (INTERNET 9), gibt parallel aber ebenso an, dass die Kontrolle eben jener bestimmungsgemäßen Anwendungen nicht ihre Aufgabe darstelle. Ebenso bestünden keine Gründe für eine Einstufung als „entwicklungstoxisch". (Vgl. INTERNET 9).

Problematisch ist jedoch, dass beim BfR nicht ein einziges Mal von Untersuchungen des Roundups, dem eigentlich verwendeten Herbizid, die Rede ist, sondern statt einer zusätzlichen Be-

---

[2] Zugeordnet dem Bundesministeriums für Ernährung und Landwirtschaft

trachtung von inerten Substanzen stets nur Glyphosat als Hauptwirkstoff bewertet und eingestuft wird und wurde. Hierzu gibt das BfR selbst an, dass die Gesamtwirkung von Herbiziden erst im Nachgang bewertet werde und zwar seperat, in den einzelnen Mitgliedsstaaten der EU. Diese Ungereimtheiten stellen keine exemplarischen Fälle, hochgeschaukelt durch die Medien, sondern eine besorgniserregende Routine, die Einstufung des BfR und des Konzerns Monsanto betreffend, dar. (Vgl. INTERNET 9)

Dies soll nun an weiteren Beispielen ausgeführt werden:

Im Jahr 1978 beauftragte Monsanto eine 26-monatige Fütterungsstudie mit Ratten, wie sie von der EPA[3] gefordert wurde. Als die Studie im Jahre 1981 fertiggestellt war, beauftragte der Konzern abrupt die Geheimhaltung der Studie und betrachtete sie als ihr Geschäftsgeheimnis. (Vgl. Burtscher-Schaden, 2017, S. 28f.)

Jene Versuche der Verschleierung finden sich auch in folgendem Sachverhalt wieder: Der französische Wissenschaftler Prof. Robert Bellé beschäftigte sich *„mit den Auswirkungen von Glyphosatmitteln auf die Zellen des Seeigels"* (Robin, 2009, S. 110). Jenes „Seeigel-Modell" hatte einem Forschungsteam um Tim Hunt bereits im Jahre 2001 den Nobelpreis eingebracht, da es das Verständnis über Frühphasen von Krebserkrankungen erweiterte. (Vgl. Robin, 2009, S. 110)

In einer Studie, die sich (statt mit Glyphosat) nun mit Roundup befasste, kam sein Forschungsteam zu folgendem Ergebnis: Nachdem man Seeigel Eier legen ließ, platzierte man diese in verdünntem Roundup, wobei die Konzentration sich noch geringer hielt als auf den Äckern üblich. Man kam so zu dem Ergebnis, dass Roundup nicht auf die Zellteilung als solche, jedoch auf die Kontrollmechanismen dieser Einfluss nimmt. Geschehen bei der Zellteilung nämlich Fehler, *„greift hier ein automatischer Reparaturmechanismus ein, oder die atypische Zelle stirbt einen natürlichen Tod [...]. Aber es kommt vor, dass beide Alternativen [...] nicht greifen, weil die Kontrollinstanz für DNA-Schäden selbst beschädigt ist"* (Robin, 2009, S. 112). Für diese Schädigung wird in der Studie mit Seeigeln das Roundup verantwortlich gemacht. Dadurch, dass eine solche Zelle der Reparatur entgehen kann, ermöglicht sich ihr die Fortpflanzung *„und wir wissen heute, dass sie tatsächlich den Ursprung einer Krebserkrankung darstellen kann, die dreißig oder vierzig Jahre später auftritt"* (Robin, 2009, S. 112). Problematisch dabei ist jedoch, dass man nicht den genauen Bestandteil ausmachen konnte, welcher für jene karzinogene Wirkung

---

[3] Environmental Protection Agency: Eine US-Behörde, vergleichbar mit dem Deutschen BfR

des Glyphosats verantwortlich ist, was wiederum daran liegt, dass viele der inerten Substanzen von Monsanto nicht bekanntgegeben werden. (Vgl. Robin, 2009, S. 110f.)

Als diese Informationen jedoch an den Monsanto Konzern weitergeleitet wurden, *„hat Monsanto etwas aggressiv geantwortet, alle Genehmigungsbehörden seien zu dem Ergebnis gekommen, dass das Produkt nicht krebserregend beim Menschen ist und Krebs bei Seeigeln ohnehin überhaupt niemanden interessiere"* (Robin, 2009, S. 113f.). Wohl war der Konzern nicht damit vertraut, dass das „Seeigel-Modell" deshalb einen Nobelpreis erhalten hat, da sich die Messergebnisse einer Seeigelzelle genauestens auf den Menschen übertragen lassen (vgl. Robin, 2009, S. 114).

Auch das unserige BfR weißt jedoch erschreckende Parallelen zum Verhalten des EPA auf, was Studien betrifft, welche die Karzinogenität von Glyphosat z.t. oder gänzlich belegen. In seinem Endbericht von 2015 *„behauptete das BfR, dass nur eine einzige Mausstudie [der IARC[4]] eine statistisch signifikante Häufung von [Lymph-] Tumoren [...] gezeigt hätte"* (Burtscher-Schaden, 2017, S. 94).

Trotz dessen wurde jenes Ergebnis zu einem Zufallsbefund in einem einzelnen Mäusestamm erklärt. Obwohl die EU jedoch zwei positive Befunde verlangt, um die Karzinogenität eines Stoffes als „Außreichende Beweise im Tierexperiment" zu klassifizieren, wäre die Klassifizierung als „Möglicherweise krebserregend" bereits mithilfe des vorliegenden Befundes möglich gewesen. Stattdessen wurde vom BfR die Nicht-Klassifizierung an die Europäische Union empfohlen. (Vgl. Burtscher-Schaden, 2017, S. 95f.)

5   Zulassungsverfahren von Herbiziden und Debattenstand

Folglich implizieren erläuterte Fälle, dass eine Problematik im Zulassungsverfahren von Herbiziden vorliegen könnte. Anschließend daran, soll in diesem Kapitel das Zulassungsverfahren für Herbizide parallel zur Debattenentwicklung erläutert werden.

Wie schon erwähnt, ist Deutschland im Fall Glyphosat die Rolle des berichtenden EU-Staates zugeteilt worden. Wie üblich begann die nationale Behörde (hier das BfR) mit der Prüfung und übersendete im Jahr 2013 die Ergebnisse an die EFSA[5]. (Vgl. Haimerl, 2017, S. 30)

Auf Grundlage der von der EFSA herausgegebenen Risikobewertung wiederum, wobei auch die EFSA in der Kritik steht, die Meinungen zu wirtschaftsnahe Experten zu ersuchen, wurde anschließend auf europäischer Ebene über die Zulassung entschieden. Hieran sind der Ständige

---

[4] Internationale Agentur für Krebsforschung
[5] Europäische Behörde für Lebensmittelsicherheit

9

Ausschuss bestehend aus Vertretern (meist Landwirtschaftsminister o.ä.) der EU-Mitgliedsstaaten sowie die EU-Kommission beteiligt. (Vgl. INTERNET 10)

Trotz der Einstufungsempfehlung des BfR (vgl. 4) erlangte die Studie der IARC politisches Aufsehen und sorgte über die Medien für eine veränderte Risikowahrnehmung der Öffentlichkeit und erneute öffentliche Debatten, welche das EU-Parlament dazu zwangen, die übliche Laufzeitdauer von Herbiziden von 15 Jahren zu begrenzen. (Vgl. Haimerl, 2017, S. 31f.)

Die öffentliche Debatte, die Bedenken der zahlreichen Gesundheitsinstitute sowie die Geschäftsordnung der geschäftsführenden Bundesregierung hielten dennoch unseren Landwirtschaftsminister Christian Schmidt nicht davon zurück, im Ausschuss für die Verlängerung des Totalherbizids zu stimmen, wodurch die Debatte auch im Hinblick auf die noch immer andauernde Regierungsbildung zum Jahreswechsel noch einmal angeheizt wurde. Auch mithilfe deutschen Votums ist Glyphosat also folglich im Zuge jener Abstimmung für weitere fünf Jahre zugelassen worden. (Vgl. INTERNET 11)

6 Bewertung von Debatte und Verbot

Anhand der im Rahmen dieser Facharbeit gesammelten Informationen, wird im Folgenden die Bewertung eines Glyphosat-Verbots vorgenommen. Hierbei soll das Hauptaugenmerk auf soziale, jedoch auch auf ökonomische Argumente gelegt werden.

Zu aller erst trägt Glyphosat natürlich zu einer immensen Ertragsmaximierung in der Erwirtschaftung von Getreide und anderen Feldfrüchten bei. Diese Massenproduktion ist in der Welt des 21. Jahrhunderts nachgefragt, wie noch nie, da als Resultat des Demographischen Wandels stetig mehr Menschen durch die Landwirtschaft versorgt werden müssen. Es ist daher meines Erachtens nach richtig, dass Glyphosat nicht unerheblich dazu beiträgt, dass die notwendige Masse an Lebensmitteln erhältlich ist und dies v.a. zu günstigen und von den Verbrauchern gewünschten Preisen. Es ist daher mehr als ein bloßes weitergesponnenes „Worst-Case-Szenario", wenn ich behaupte, dass sich aus einem abrupten Glyphosat-Verbot eine Strukturkrise in der deutschen Wirtschaft entwickeln würde. Diese würde entweder einen rapiden Preisanstieg oder die Insolvenz von vielen Kleinbetrieben, keinesfalls jedoch eine gelungene Strukturpolitik bedeuten, da diese keinen Planungsspielraum hätte, um diese Krise für die Gesellschaft abzuschwächen und sozial verträglich zu machen.

Oberflächlich betrachtet trägt Glyphosat gewissermaßen auch zur Eindämmung des Klimawandels bei. Dadurch, dass mit Glyphosat behandelte Felder nämlich nicht mehr gepflügt werden müssen, wird eine Menge an Dieselkraftstoff sowie ausgestoßenen Endprodukten des Verbrennungsprozesses eingespart.

Und abgesehen von vielfachen Meldungen über mögliche gesundheitliche Auswirkungen oder Umweltschäden muss erwähnt werden, dass die Verantwortungsträger unseres Staates bisher keine Maßnahmen getroffen haben, um sich gegen eine Gefährdung der Verbraucher einzusetzen. Das Bundesinstitut für Risikobewertung und selbst die Deutsche Bundesregierung sprachen sich mehrfach für eine Nicht-Klassifizierung von Glyphosat aus. Kann man hieraus also folgern, dass eine Gefährdung der Verbraucher gänzlich ausgeschlossen ist? Den Ergebnissen dieser Facharbeit nach halte ich dies für zu kurz gedacht, da es zu viele Ungereimtheiten um das Zulassungsverfahren und genug begründete Kritiker existieren.

Weitergedacht halte ich es sogar für einen großen Misstand, dass Tests größtenteils bloß mit Glyphosat und nicht dem eigentlichen Gesamtprodukt, dem Roundup, durchgeführt werden. Das in 4 abgehandelte „Seeigel-Modell" beweist, dass wenigstens das Gesamtprodukt Roundup auf die Kontrollmechanismen der Zellteilung Einfluss nimmt. Und dass Fehler in jenen Kontrollmechanismen und das Nicht-Absterben der missgebildeten Zelle den Grundstein für eine sich nach Jahrzehnten ausbildende Krebserkrankung legen ist tatsächlich nicht gerade eine medizinische Neuheit. Problematisch ist, wie ich finde, dass eben nicht nachgewiesen werden kann, welche inerte Substanz denn nun für jene Wirkung sorgt, da die meisten inerten Substanzen von Monsanto als Geschäftsgeheimnis gehütet werden. Daher ist es umso fraglicher für mich, wie jemals eine ernsthafte Risikobewertung von Glyphosat vorgenommen werden konnte und wie man das angewendete Produkt, das letztlich auf unsere Felder gelangt und wesentlich mehr enthält als den bloßen und evtl. nicht gesundheitsgefährlichen Hauptwirkstoff Glyphosat, in einer Nachüberprüfung (nicht auf EU-Ebene) Betrachtung findet.

Doch auch bei der Hintergrundbetrachtung der so prachtvoll angepriesenen umweltschonenden Anwendung als Pflugersatz, sind Umweltwirkungen deutlich geworden, die im Hinblick auf die Nachhaltigkeit wesentlich ineffizienter sind, als die Behandlung der Felder mit konventionellen Landmaschinen. So bringt es meines Erachtens nach wenig, über das Einsparen von Dieselkraftstoff auf Seiten der Glyphosatindustrie zu argumentieren, wenn doch nachgewiesen aquatische Ökosysteme und ihre Artenvielfalt bedroht sind, die eigentlich zu schützen versuchten Pflanzen durch Störung ihrer natürlichen Symbiose mit Bodenbakterien anfälliger für verschiedenste Krankheiten werden und durch den menschlichen Eingriff dutzenden Vogel- und Insektenarten ihre natürlicher Versorgungsraum genommen wird.

Vielmehr noch erschrecken mich die aufgezeigten, lobbyartigen Strategien des Monsanto Konzerns. Ohne einflussreiche Gegenstimmen aus Regierungen, den Interessensvertretern der Bürger und somit eigentlich deren Gesundheit verpflichtet, darf Monsanto einfach inerte Substanzen verschweigen und sie als „Geschäftsgeheimnis" abtuen. Institute, die Beweise für die Karzinogenitätsvorwürfe haben, werden zum Schweigen gebracht. Erschreckend wirkt ebenfalls auf mich, dass selbst das Bundesinstitut für Risikobewertung nicht daran denkt seine Monsanto-Aussagen monoton verifizierende Rolle im Fall Glyphosat aufzugeben. Selbst wenn sich das Institut von rein ökonomischen Argumenten überzeugen lässt, ist fraglich, wie lange man Empfehlungen zur Nicht-Klassifizierung legitim im Blickfeld der Bürger verkaufen kann, treten doch immer häufiger Meldungen, wie in 4 erwähnt, ans Licht, die belegen, dass doch eine Klassifizierung hätte vorgenommen werden können.

Und letztlich sehe ich auch Chancen für mögliche, sehr wohl vorhandene Alternativen zum Glyphosat, welches in meinen Augen ein sich bloß kurzfristig rechnendes Unkrautvernichtungsmittel ist. Es erscheint nämlich mehr als logisch, dass sich (wie bereits erläutert) bei längerem Glyphosat Einsatz bloß der Schädlingsdruck erhöht und somit der Bedarf an Glyphosat über die Jahre stetig steigt, aber auch, dass Bodenverdichtungen gerade zu einer höheren Erosion beitragen. Alternativen könnten meiner Meinung nach tatsächlich Zwischensaaten oder das Ansäen von Zwischensaat sein.

Zusammengefasst möchte ich meine Ergebnisse bündeln und auf den Titel dieser Facharbeit beziehen, indem ist klar feststelle: Nein, das Monsanto-Produkt wird keine ewige Geschichte haben!

Der gesellschaftliche Druck wird sich weiter ausweiten, sodass die Bundesregierung nicht länger auf der Meinung von Lobbyisten und Monsanto Konzern wird beharren können, sofern sie ihre Legitimation im Auge der Bevölkerung nicht verlieren will.

Wirtschaftliche Einbrüche oder Negativkonsequenzen müssen dabei verhindert werden, was im Rahmen einer langzeitig geplanten Strukturpolitik geschehen muss. So sollte langsam ein Stamm an Alternativen aufgebaut werden, welcher die ökonomischen und soziologischen Folgen eines Glyphosat-Ausstiegs abschwächt und sozial verträglich gestaltet. Dies setzt jedoch voraus, dass der Staat endlich einmal damit beginnt, eben jenen Ausstieg vorzubereiten! Geschieht dies nämlich nicht, so wird es meines Erachtens nach, durch den Gesellschaftsdruck, tatsächlich zu einem erzwungenen Ende des Glyphosateinsatzes kommen, der unserer Wirtschaft genau wie im in 3 beschriebenen Worst-Case-Szenario nachhaltig Schaden zufügen wird.

Die Verantwortung langfristig zu denken liegt hier in den Händen des Staates, da wie analysiert Wirtschaftskonzerne wie Monsanto ihrem eigenen kurzfristigen, profitgerichteten Denken zum Opfer fallen. Der Staat muss jenes letztendlich zügeln und dem Markt eine, auch ihm schließlich zum Positiven werdende, langfristige Denkweise aufzwingen, indem er sich mehr eigene Kompetenz zuspricht und (wie in der Atom-Debatte) einen langsam fortschreitenden Ausstiegsprozess vorbereitet : zum Wohl der Umwelt und zum Wohl der Bürger und Verbraucher!

7 Literaturverzeichnis

I.   Fachbücher:

-Burtscher-Schaden, Helmut: Die Akte Glyphosat. 1.Auflage, Verlag Kremayr & Scheriau GmbH & Co. KG, Wien 2017

-Haimerl, Nick: Das Nichtwissen der Wissenschaft am Beispiel Glyphosat. 1. Auflage, GRIN Verlag Open Publishing GmbH, München 2017

-Robin, Marie-Monique: Mit Gift und Genen. 2. Auflage, Deutsche Verlags-Anstalt in der Verlagsgruppe Random House GmbH, München 2009

II.   Internetadressen:

-INTERNET 1: https://www.krankenkassen.de/dpa/264820.html, 28.01.2018

-INTERNET 2: http://www.chemie.de/lexikon/Herbizid.html, 13.01.2018

-INTERNET 3: http://www.chemie.de/lexikon/Glyphosat.html, 13.01.2018

-INTERNET 4:

www.glyphosat.de/system/files/sidebox-files/glyphosat_screen_4mb_0.pdf, 04.01.2018

-INTERNET 5:

https://www.kleffmann.com/download-file?file_id=1085&file_code=2d987bc2fb, 31.01.2018

-INTERNET 6:

 www.martin-

haeusling.eu/images/160606_Martin_Häusling_PP_Glyphosat_Mythos_Bodenschutz.pdf,

04.01.2018

-INTERNET 7:

https://www.testbiotech.org/sites/default/files/Basistext_Glyphosat_Testbiotech__0.pdf,

15.02.2018

-INTERNET 8:

http://www.umweltinstitut.org/themen/landwirtschaft/pestizide/glyphosat.html, 15.02.2018

-INTERNET 9:

www.bfr.bund.de/cm/343/fragen-und-antworten-zur-bewertung-des-gesundheitlichen-risikos-von-glyphosat.pdf, 04.01.2018

-INTERNET 10: https://www.keine-gentechnik.de/dossiers/eu-recht-gvo/, 18.02.2018

-INTERNET   11: http://www.zeit.de/politik/deutschland/2017-11/glyphosat-christian-schmidt-csu-spd-angela-merkel, 18.02.2018

8   Abbildungsverzeichnis

-Abb. 1: Glyphosat in Skelletform.
https://upload.wikimedia.org/wikipedia/commons/thumb/0/04/Glyphosate.svg/1200px-
Glyphosate.svg.png, 31.01.2018 (wurde für die Veröffentlichung entfernt)

-Abb. 2: Der Weg des Glyphosats. http://www.tagesspiegel.de/images/das-totalherbizid-
glyphosat/20641220/1-format43.jpg, 02.02.2018